AF598805

DESEO SIN NOMBRE

Armando López Castro

Aliarediciones

Corrección: Eladia Guerrero
Diseño de cubierta: Aliar Ediciones
Imagen de cubierta: *El éxtasis de Santa Teresa*, Gian Lorenzo Bernini.
Iglesia de Santa María della Vittoria, Roma.
Maquetación: Aliar Ediciones

Depósito Legal: GR 465-2025
ISBN: 979-13-87590-86-4

Impreso en España

Edita
ALIAR Ediciones
www.aliarediciones.es
info@aliarediciones.es

DESEO SIN NOMBRE

Armando López Castro

«Abyssus abyssum invocat».
Sal. 42 (41) 8

«Es místico el que no puede dejar de caminar y que, con la certidumbre de lo que le falta, sabe de cada lugar y de cada objeto que no es esto, que no podemos residir aquí, ni contentarnos con eso».

Michel de Certeau, *La fábula mística*

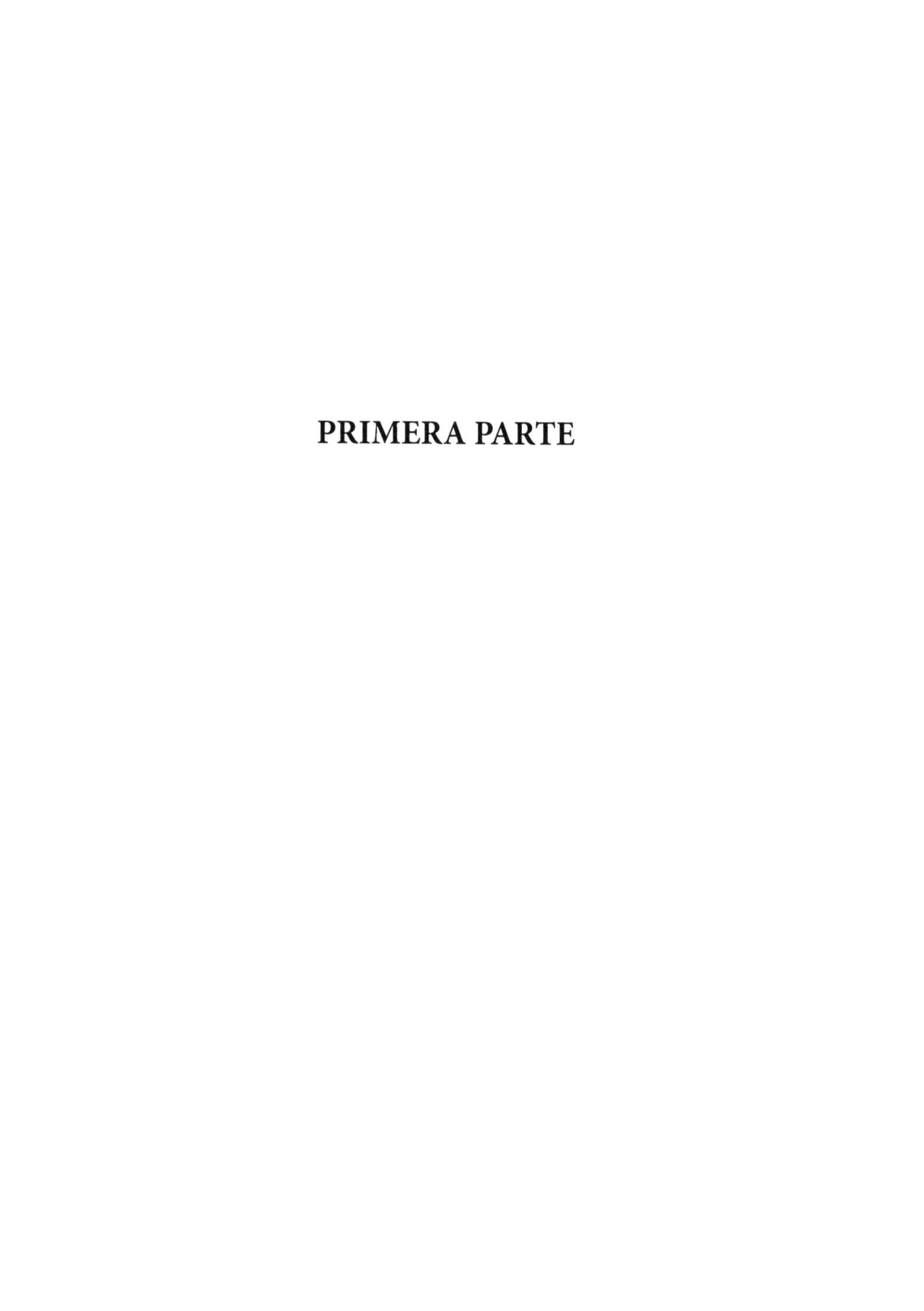

PRIMERA PARTE

I

Una grieta se abre en el muro
y sin saber lo que va a venir
esperas dar voz a lo oculto.
Ausencia que llama detrás de cada paso
y presencia que responde grano a grano.
Todo tiene derecho a ser algo distinto
y la palabra a nombrar lo que nunca existió,
haciéndose oír lo que no puede oírse,
aquellas sombras en la noche sin edad.
No se trata de entender, sino de abismarse,
de hundirse en el sueño y despertar a la luz,
de buscar la unidad de lo perdido,
la sabiduría del amor, lo otro de mí,
en el umbral vacilante de la muerte.
Don de lo imposible, chispa de roce
entre la pérdida y la posesión,
tu sabia lira conjura los graves
pensamientos y con el canto se enciende
mágicamente el deseo de ascender
hasta los supremos misterios del amor,
don o destello de su ser a la vida,
que tiene las claves para el mundo entero.

II

En los astros tiene el alma su morada
y en su movimiento sin fin oculta
el ángel toda su luminosidad.
Si el bien es algo lejano, extraño al mundo,
el ojo debe trascender lo visible
y remontarse por las escalas del aire,
con su medida y su ritmo, hasta un orden
natural, desprovisto de intenciones,
donde todo se encuentra entretejido,
pues cuando el canto, huésped ilustre,
crea una armonía duradera,
sabe que ha llegado frente al sol.
No hay tiempo sin figura musical
ni música sin forma temporal.
El hacer del poeta consiste entonces
en dejar hablar al dios, en darle voz,
escuchando lo que el dios le dicta,
el canto que por sí llena el espacio
y que ninguna cuerda o lazo lo retiene.
¿No te encanta a ti también este arte
del engaño, que encadena con su duración
las varias imitaciones de este rito,
donde el arco y la lira se confunden?

III

En esta noble ciudad de calles anchas,
donde los gramáticos editan a Homero
y Calímaco escribe sus poemas,
su biblioteca contiene tus obras,
reino de las notas, de los fragmentos,
que se niegan a la forma definitiva.
Entonces, entregado a la filosofía,
te sustraías a las miserias del vivir
y tu alma, elevada por una inspiración,
te arrastraba hacia las alturas,
haciéndote participar gozoso
en el movimiento circular de las esferas.
Su gracia vendrá por propio impulso
y como espada de fuego penetrará
en una búsqueda invisible, sin perder
el aliento, descansando en su simplicidad,
que elimina toda determinación
y recorre el mundo con su sombra.
En ella conviene refugiarse, dejarse
herir por el dardo de la palabra,
que da relieve a la forma y con sus alas
ligeras se va por la tarde a la llanura
para recibir el saber del árbol
de la vida, su virtud celeste y ejemplar.

IV

Siempre hay que ir más allá, hacia un latido
que convierte a la belleza en deseable.
La vida es gracia, luminoso aleteo,
y sin su ondulación beneficiosa
el amor no tiene del todo lo que busca.
Si la belleza es la huella de la gracia,
fuerza de expresión que no se detiene
en ninguna forma particular, ese
impulso de lo universal, lleno de riesgos,
se reconoce en los brazos desnudos,
pues los amantes, que desean fundirse
para hacerse uno, imitan, sobre la tierra,
esa unión celeste, que permanece ahí
arriba y despojada de toda forma
irrumpe de repente sin descomponerse,
haciendo coincidir, en su fecunda
simplicidad, su centro con todas las cosas
y preparándonos para contemplarla
con tranquila confianza y apacible dulzura.
En esta unidad de la visión y la luz
el dios acude para iluminarnos,
vivir en la virtud y hacernos mejores.

V

En los atrios del bien emerge con fuerza
la mirada y se da fulgurante
como el aire al que lo quiere respirar.
¿Pueden los vasos de madera convertirse
en oro, el caballo en azucena,
el libro en la memoria del fuego,
si la palabra no hace renacer el nombre
en su laboriosa contemplación?
La torre se hizo para que no cayese
y el corazón para nutrir el pecho
con toda su abundancia desbordante.
Metida en su habitación por la mano
del amado, igual que la palmera
que esconde sus frutos en lo alto,
la amada mantiene viva la plenitud
del arrobo y el color rosado
de su brisa ligera pone de manifiesto
lo familiar disolviéndose en lo extraño.
Y si uno hace el viaje hasta el límite
de lo posible, vivido hasta el trance,
permanece suspendido en el silencio
y vive desde dentro el sueño de un niño.
La posibilidad es muda, la súplica
infinita, y en su sed de otra cosa
las entrañas se dilatan por entero.

VI

Si no viera en mi interior la rotación
de los astros, las cumbres de los montes
y las olas del mar, no podría hablar de ello.
De lo que entra en la memoria, algunas
imágenes se presentan de inmediato,
otras irrumpen desordenadamente,
como en tropel, y lo que está confuso
lo aparto con la mano del corazón
hasta que esté claro y ofrezca lo que quiero.
Y ¿cómo puedo amarte, unirme a ti,
si no poseo algo de ti en mi alma
ni tienes ciertamente en ella tu morada?
¡Esperanza desde la desesperación,
vivir con temor en la prosperidad
y mantener reunido lo disperso
contra el desmoronarse de la vida!
Me tocaste y me abrasé en tu paz,
caigo en las trampas, suspiro por la luz,
levanto hacia ti mis ojos invisibles.
Cuando esté unido a ti con todo mi ser
y lo ponga todo radicalmente en ti,
mi vida estará viva, toda llena de ti,
y mi palabra, en espera de lo que va
a cantar, tensa habitará con pasión
el pensamiento hasta llegar a sentir
poco a poco una huella de eternidad.

VII

Aquel que está más allá de todo ser
y puso su tienda en las tinieblas
sale de sí mismo con sabiduría,
despojado de toda limitación,
y nos hace ser por deseo de su amor.
Esta realidad sin nombre, que contiene
todas las cosas antes de que existan,
sopla como suave brisa, que purifica
y renueva, dando forma a lo informe
sin perder nada de su hermosa gratuidad.
Igual que el viento que da la vida
o el fuego que todo lo transforma,
su palabra desbordante, que tiene algo
nuevo que decir, vuelve implacable y se da
a quienes la buscan con generoso corazón.
Y a medida que nos adentramos
en esta luminosa oscuridad,
quedamos sin pensar en nada, volamos
más alto y necesitamos menos palabras,
sabiendo que todo esfuerzo por nombrarle
niega siempre el lenguaje y lo reduce,
que el discurso es débil y que la mejor forma
de conocerle es no conociéndole.
Y cuando ya no hay nada que decir,
allí donde todo es plenitud del vacío
o rayo de tiniebla, ese aliento
palpita en todo lo dicho, recoge
cuanto tiembla y forma una misma fecundidad.

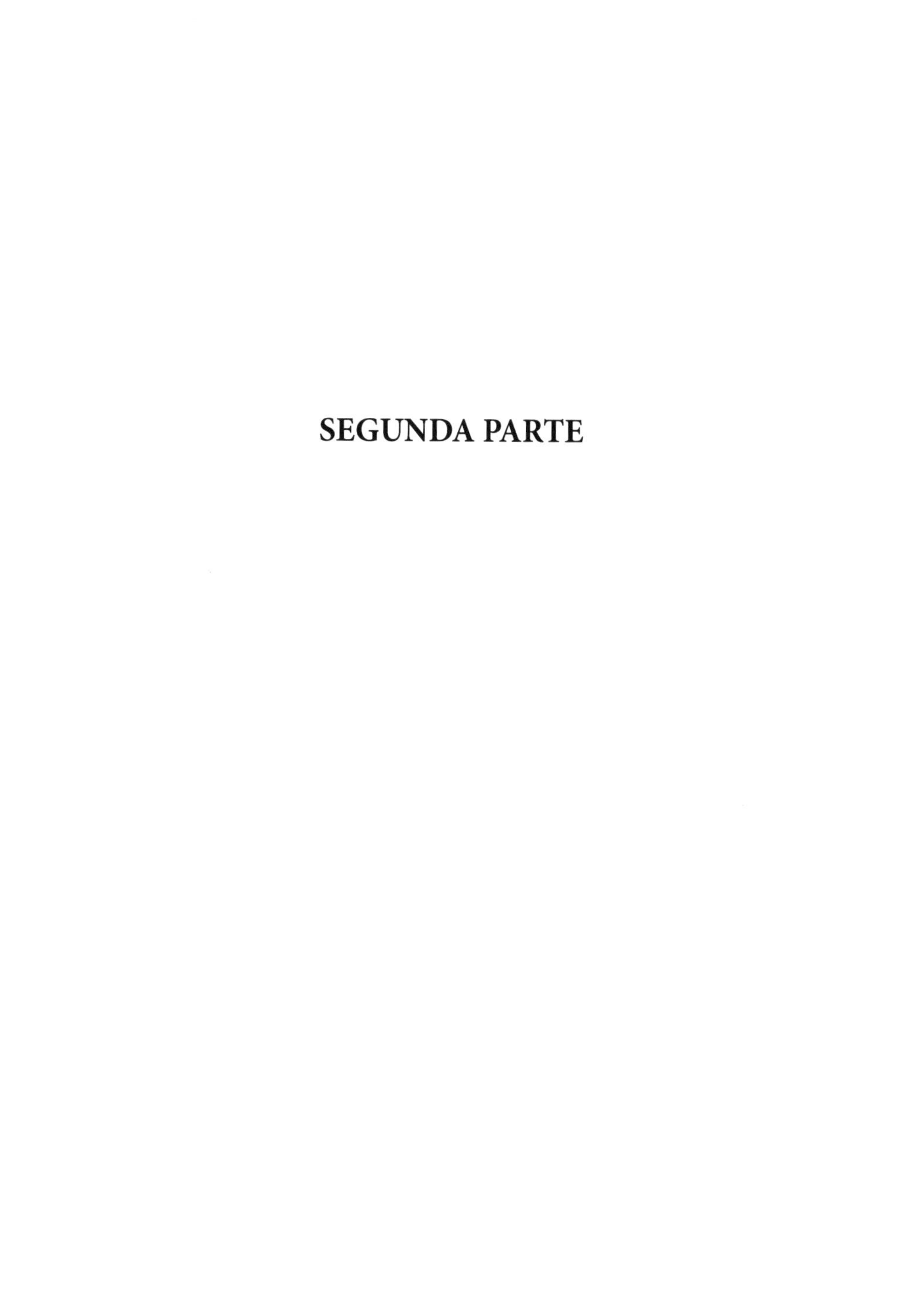

SEGUNDA PARTE

I

Mientras viva el alma, vive su memoria
y este gusano voraz de muerte en vida
me roe incesante con la deuda del amor.
Nadie conoce la huella de tus pasos
y el tiempo de la ausencia despierta
en los que se aman un nuevo lenguaje,
el placer de brillar por la palabra
y conmover el corazón con su cadencia.
Por todas partes se expande un solo impulso
de santidad harapienta, de retorno al orden,
que sube al cielo en el canto del oficio,
pues la audición nos aproxima a la visión.
Amaste la sabiduría y enamorado
de su belleza, que te ha escogido para
unirte a ella, en su piadosa mediación,
como estrella suspendida sobre el mar,
sentiste la necesidad de que nuestro
deseo comience lento por la carne,
ardiendo y luciendo, aunque no se entienda,
y nos abrace en las tribulaciones.
Porque el amor no sabe de tardanzas
y en pacto de amistad, grave y sereno,
se entrega cada vez a la inocencia
en el turbio desapego del olvido.

II

Vino del cielo abierto una luz de fuego
que se derramó por todo tu ser,
y aunque trataste de ocultar la visión
que sentías en el alma, sin atreverte
a decir nada a nadie, aquella figura
sembrada de ojos te hace sentir más ligera,
por eso ya no hablas entre dudas,
sino con el gozo de un aire luminoso
donde asoma la punta de la profundidad.
Y como no eras tú quien hablabas,
sino la voz que oías en la visión,
en nada te tenías para crecer inmensa
y con aquella sombra de luz viviente,
que arranca el dolor de la memoria,
conoces los caminos de estos seis círculos,
unidos entre sí sin intersticio alguno,
y recibes de ellos verdor, frescura y fuerza.
Igual que el alfarero pule sus vasijas,
así se dispone el alma a todo bien,
comenzando con la lucha y conservando
en el mundo la palabra de la vida.
Y ahora que he sido golpeada por tu amor,
perdiéndome en el beso del abrazo,
¿tendré que quedar sin tu consuelo?

III

Le seguiste por las callejas nocturnas
de la ciudad y bajo la secreta
luz lunar pudiste ver cómo un ángel
descendía del aire y le daba
un enigmático pan por alimento.
La verdad no está en lo que podemos explicar,
sino en aquello que sabemos degustar
y que seguirá estando oculto.
Para lograr ver algo como si se viera
por primera vez, en su estado primordial,
se necesita ver lo que hay detrás,
conocer los entresijos de las cosas,
el espacio entre lo visible y lo invisible.
Porque la llama sutil del escribir
anuda en sueños una red de tramas
delicadas, de velos que se extinguen
en el éxtasis de los pechos gemidores,
ya que cuanto más rica es la visión,
tanto más pobre resulta la expresión.
Aparta tu pensamiento de lo externo
y busca en lo interior hasta que aprendas
a sentir el misterio de todos los saberes,
la respiración de la nube en el aire,
el manantial en el ojo del corazón.

IV

La montaña, el aire, experiencias
de lo que no podemos medir y nos contiene.
Entregado a la tentación de lo inefable,
ebrio de lo que aún no has bebido,
no puedes dejar de caminar y subes
vacilante por las escalas infinitas
con la desnudez que nos hace transparentes.
Y recordando su ascensión allá en lo alto,
ese juego del último naufragio,
te dejaste ir hacia la cumbre indefinible
eliminando la impaciencia del deseo.
Después, como una nube que se deshace,
bajaste fatigado a tu reposo
y con la amenaza de lo sagrado,
hambriento de sueño y paz, cada día
íntimamente más herido, ávido
de lejanas posibilidades, viste
todo en la nada, gusano de luz que nos
penetra con el hálito de su vacío.
En las ruedas de oración aprendiste
a contemplar la rosa, la cruz pintada
de vientos y de lluvia, aventurándote
en lo imposible por las puertas de tu casa.
Largos son los caminos, llenos de suspiros
y de llantos, y el señor de amor te hace cantar
para no estar ausente en tu recuerdo.

V

Uno tiene que alejarse de sí mismo,
salir de toda imagen y hacerse extraño
a todo, y con la mirada elevada
contemplar el ser desnudo, no lo suyo,
hacerse silencioso y único, pobre,
y no saber nunca nada de nada.
Como el águila llegó al centro del árbol,
arrancó la copa más alta de sus ramas
y la llevó hacia abajo, al fondo sin fondo
donde nace la palabra, así en lo abierto
surge lo que no decimos y muestra
la transparencia de todo lo que es.
Del simple estar allí, de su adentrarse
en lo abisal, germina la semilla
de lo nuevo y en ella todo respira,
tan vacío como cuando aún no era,
llegando a ser fecundo, siempre igual,
en el aliento de un solo y mismo ahora.
Si quieres penetrar en tu interior,
es preciso que lo dejes todo fuera,
que te mantengas al margen y habites
en el silencio detrás de las palabras.
Hay que quedarse ahí, libre de intención,
no haber nacido para ser eternamente
con la oración del corazón en soledad.

VI

Cuando el pobre recibe en su miseria
los dones fecundos de la gracia,
igual que el valle el sol del mediodía,
se siente atraído por la verdad sublime
y quiere unirse con aquel que ama.
Los ojos del alma queman las potencias,
desbordan toda medida, ponen al rojo
vivo su fuerza ardiente hacia lo alto
y vuelven a bajar sobre el exilio.
Dar y devolver, flujo y reflujo,
contacto y deseo se reúnen
en un nuevo abrazo más intenso.
De repente, en el fondo de la unión
íntima brilla un relámpago y su esplendor
penetra y fluye sin medida por las venas.
El ojo negro descubre un abismo
de sombra sin límites y en la noche
de la nube, en la tiniebla inmensa,
esperamos la venida de la luz
y seremos el incendio de la eternidad.
Al oír la voz de la mano que nos toca,
todo se renueva en su propia hondura
y elevados por el amor habitamos
en la abierta desnudez del espíritu.
En esta intuición contemplamos sin fin
lo que somos y somos lo que contemplamos.
Perderse en la ignorancia indeterminada,
en el abismo del bien infinito,
¿acaso no es gustarlo sin comprenderlo?

VII

De la verdad no hay un conocimiento claro,
pero nos acercamos infinitamente
a ella por medio de nuevas conjeturas.
Incluso las definiciones pueden
volverse falsas cuando se han consolidado
y no conservan, en la esfera de los juicios,
las huellas de su unidad incondicionada.
Su identidad es el misterio y la nada,
ante lo imprevisible, no aguanta estar
consigo, grita desolada por las calles
y quiere llenarse con la plenitud.
Toda palabra tiene dependencia,
igual que el alimento, y como hembra
misteriosa que no muere, prosigue su obra
sin fatiga, abandonando sus propios
caracteres y abriéndose a un entender
incomprensible donde se unifican
centro, diámetro y circunferencia.
Para hablar del que puede y es, para dar
un nombre a lo no otro, anterior a todo
número, es preciso hablar oblicuamente,
por espejo y enigma, hasta desatar
el nudo vestido de sorpresa, huésped
de lo que está al otro lado del muro.
Un poco de asombro en la sospecha,
el suspenso de no saber qué hacer,
es un acto de amor indefinido.

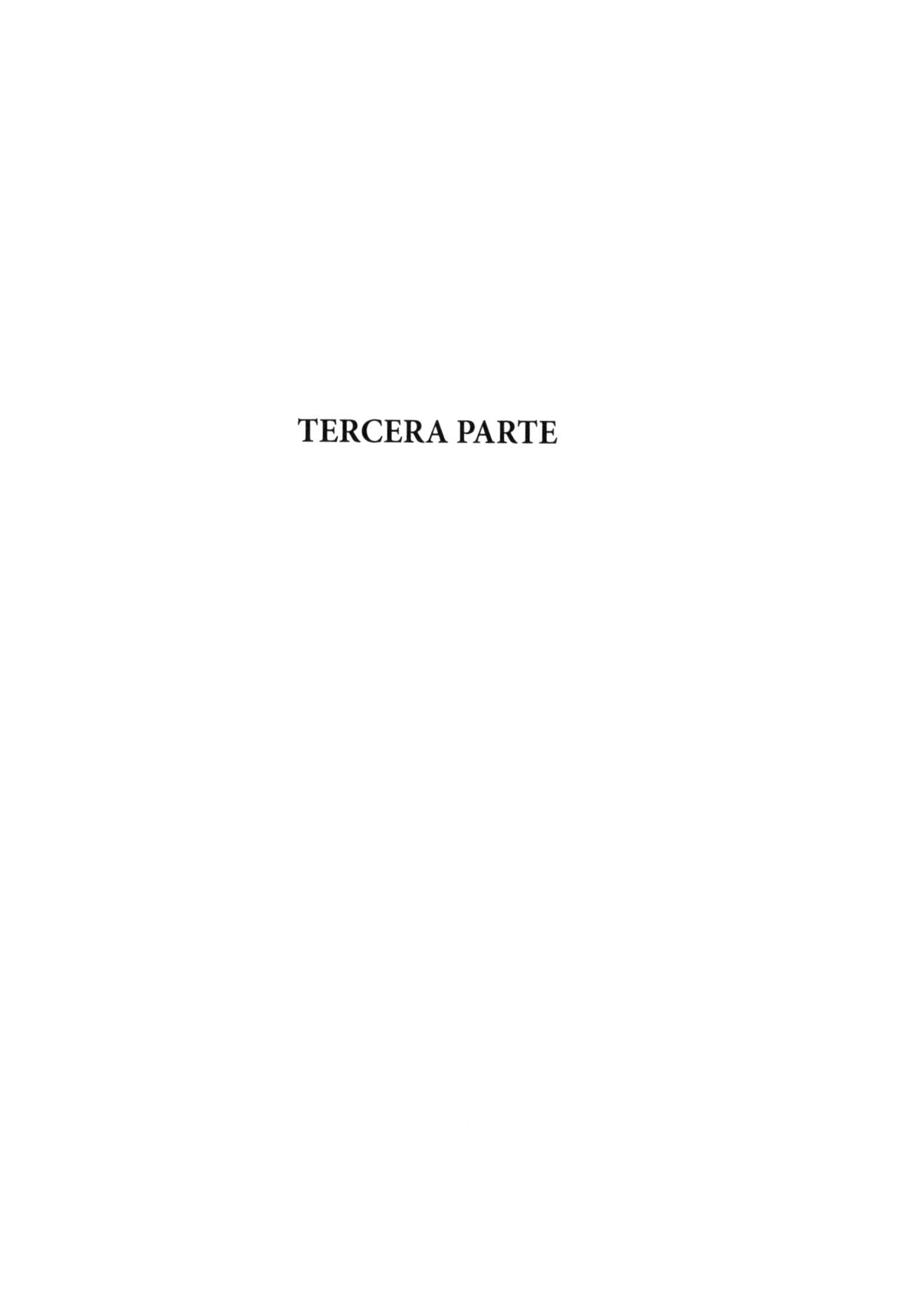

TERCERA PARTE

I

En el territorio denso y confortable,
pero vigilado, de la expresión más justa,
la oración por compás, uniendo una palabra
a cada aliento de la respiración,
abarca los contrarios y los funde
rítmicamente en un viaje hacia su centro.
Y de un aliento a otro, en esos espacios
intermedios de alto riesgo, donde se lucha
con los dioses y con los demonios,
la práctica de la meditación es menos
mística que retórica, un ejercicio
saludable y regulado, que permite
hablar con seguridad, sin veladuras,
como si esa exposición desconcertante,
curiosamente extraña, se articulase
en la alternancia de preguntas y respuestas.
Y aunque las imágenes no dejan de ser
triviales, sus imitaciones ayudan
a concentrarse, a discernir, mediante
puntos diferenciados, una red de nudos
y ramas en las composiciones de lugar.
Desde su arsenal de tópicos latentes
el árbol del discurso empuja a contemplar
los ajustes de la repetición y el relato,
colocando este cuerpo ante la cruz
en la escena dispersa de la fantasía.
Esta es la marca de la indiferencia:
no estar limitado por lo más grande,
sino estar contenido en lo más pequeño.

II

Supremo gozo es subir de lo visible
a lo invisible, saber mirar las obras
de aquel maestro, entender su artificio,
y conocer la realidad de la armonía.
Los ecos de este canto, llenos de gracia
y colorido, resuenan a la vista,
mezclando el aire fresco con el germen
de un éxtasis incierto, que funde nuestros
cuerpos en la luz de un alma renovada.
Nada conmueve más que el pintar algo
con palabras, fingiendo muy al vivo
la hermosura de las cosas, según lo natural,
y tejiéndola en la guirnalda del decir.
Bien poco vales, pobre corazón,
si alguna vez caes en la araña del amor,
déjame probar tu poder desconocido,
la prenda de mi esperanza en esa nada,
para que odio y amor al fin se neutralicen.
Y si el ave con la muerte recupera
la misma forma que en su origen tenía,
apresúrate, carne condenada,
a renacer fulgurante con voz negra
en la sonoridad de la última sílaba.
Porque más allá de su materia incendiada
la palabra, frágil y quebradiza,
sabe besar lo eterno en pleno vuelo,
vivir con su llama el ardor de nueva vida.

III

De tu corazón abierto a la mirada,
don y misterio de la experiencia encendida,
vino el amor envuelto en la plegaria
y así tuviste un trato de amistad
antes de que te llegara la palabra.
Y con el deseo que traes de tenerla,
de querer estar allí y entrar con él,
pones todo tu ser en la perseverancia
y no te cansas de esperar, dejando
siempre la puerta abierta para que nos dé
la mano y no acabe nunca de mirarnos.
Con tal amigo al lado, con su cuerpo
retorcido de dolor, se pueden sentir
los efectos de una relación mutua,
vivir en el centro del castillo
y no moverse de aquel aposento.
En la disposición atenta de la escucha,
estando ya las potencias sosegadas,
se muestra su presencia, total y sin fisuras,
y con el festín del encuentro, en el lugar
vivo de la carne, alientan sus ojos
sonrientes de infinitos besos
hasta que alumbre la inmortal mañana.
Por cuanto de su amor en ti nos llega,
dulce hermana del serafín, no dejes
de guiarnos fiel entre las pruebas
y en tu ánimo más que de mujer
acoge nuestros ruegos llenos de ilusiones,
expresión y alimento de la vida.

IV

Como el cisne, que canta más suavemente
cuando está muriendo, se oyen los cantares
subir al cielo, suspensos los sentidos,
en el lecho florido de esta celda.
Y después, quedó solamente el respirar,
los sones de aquella música callada,
que viene en ayuda de la herida
y abre súbita la emoción del vuelo.
Fundidos uno en otro, hechos de luz
y sombra, vuelven entrañables los recuerdos,
el fruto del granado, el rumor del agua
en la noche, la llama en su profundo centro,
tan desasidos como si no fuesen.
Recordaste las palabras ciegas y fuiste
hecho semejante al pájaro solitario
en el tejado, amigo de la soledad,
que pone el pico al aire y se va a lo más alto.
Y olvidándose de sí cada vez más,
no teniendo determinación en nada,
se queda muchas veces hasta el alba,
recibiendo el susurro de una palabra
escondida, la gracia innombrable
en su transparente luminosidad.
Sed de la carne, ausencia de lo otro,
voz que deja un hueco a la promesa,
al deseo que anuda los vacíos,
y queda diciendo lo que no se sabe.

V

Al despertar el día, una pequeña
luz ilumina la punta del espíritu
y del fango al aire se purifica el agua,
como se supera la argumentación
en el flujo desbordante del discurso.
Más que tomar la palabra, me hubiera
gustado verme envuelto por ella,
introducirme en sus intersticios,
sin ser advertido, y quedar allí,
en el punto de su desaparición posible.
Pero hay que continuar, ir al otro lado,
manteniendo el objeto del deseo,
el sueño inocente de lo que todavía
está por decir en toda su frescura.
Lo nuevo no está en lo que se dice,
sino en el sentido oculto que lo recorre,
yendo gradualmente de un punto a otro,
haciendo salir al discurso de sus límites
y reduciéndolo a una simple visión
hasta quedar en su natural cobijo.
En la copa del árbol canta la cigarra
y con dulce violencia su música
templa recíprocamente a los amantes,
poniendo sus pensamientos en el aire
y ayudándoles a volar con ligereza.
Repliegue ilusorio de este viento celestial,
que viene de improviso y nos conduce

de amor en amor, flexible a todas manos,
y con los verdes afectos de la vigilia
se hace memoria de la vida eterna.

VI

Es preciso luchar hasta que el oscuro centro
explote y germine la noble planta del lirio.
Igual que la luz alienta en las tinieblas
y su fuego ardiente tiene buen sabor,
así el espíritu, impulso y tormento
de la materia, se apodera del azul
celeste y como pájaro altivo,
a cubierto de los ojos, se desliza
furtivo en el bosque de los sueños.
Pues si se quiere hablar de lo divino
hay que tener muy en cuenta las fuerzas
de la naturaleza, las sagradas
montañas, el aire de las islas,
el viento entre las rocas, mudas presencias
del tiempo que viven imperturbables
los ritos de lo desconocido,
para pasar de lo fabuloso a lo real
y no perder la perla de la gracia.
Mirar el mundo para poder verte,
deseo transparente de quietud,
para volver a ti, una y mil veces,
sangre y tierra de mi cuerpo.
Luz y tinieblas han salido de lo eterno
y en la colmena del alma trabajan
sin descanso, con hambre continua,
buscando una puerta sin poder encontrarla.

Y para volver a ser un reino angélico
la mirada contagió al aceite del agua,
se cerró la cámara de la muerte
y la simiente quedó ondulando
en la grave potencia de la eternidad.

VII

El espíritu pende sobre el abismo
y este lo sustenta acogedor
hablando por él lo menos posible.
Y quien ha elegido el centro como morada
lo ve todo al mismo tiempo, sin distinguir
entre la pobreza y la plenitud.
El cielo desciende y se convierte en tierra,
lo que está lejos en lo que está cerca,
y desde su excesiva imposibilidad,
límite incierto donde habita el ángel,
la tierra asciende y se convierte en cielo.
Y así como la rosa no se preocupa
de ella misma ni pregunta si es mirada,
sino que florece porque florece,
el que está a su lado cierra los ojos
y aguza el corazón para dejarla ser,
para dejarla decir en su decir.
Con ello nos abre un espacio gratuito,
un ámbito de nada y de nadie,
donde luz y espíritu son uno, envueltos
en el círculo brumoso de lo eterno.
Desde ese fondo sombrío debes hacer todo
sin porqué, disponible y constante,
poner la llama viva al descubierto
en el despliegue de su aparición.
Y como la sed nos lleva hacia la fuente,
algo nos llama a ir más adentro,

con minucioso amor, algo que irrumpe
inexpresable, que ya no asombra
en el fondo abisal de su silencio.

VIII

¿Quién podrá comprender sin experiencia
el camino interior de la contemplación?
A los que van por esta vía regia,
con el corazón sencillo y desapegado,
la voz leve, hermana del suspiro,
les guía por el laberinto del vacío
para que algo pueda ser en él creado.
Y así, en el blanco del corazón, libre
de intenciones, la divina sabiduría
imprime sus huellas sin apenas tensión,
como si no estuviera haciendo esfuerzo alguno.
Sin pensar en nada, retirado al fondo
de su recinto, al incondicional
dominio de las formas, se detiene el alma
en lo que sabe, fuera de toda relación,
y se vuelve cada vez más receptiva,
venciendo la última resistencia
y quedando concentrada para dar
en el blanco con mayor facilidad.
La araña y la mosca, el arquero y el blanco,
lo interior y lo exterior son uno en esa
danza sin saber lo que les espera.
Y ahora, cuando las pruebas manipuladas
ya no ofenden a los piadosos oídos,
permaneces quieto en tu nada, en tu perfecta
aniquilación, a salvo de la recta moral,
donde los ritmos dispersos se unifican
en el espacio abierto de la creación.

IX

¿Cómo se podrá entender sin música
esta cadena universal de lo creado?
Quizá de todo lo vivido solo vale
la pena salvar unos cuantos pensamientos,
por variaciones y engarces ocultos,
que aún mantienen una digna frescura
en medio de tanta incertidumbre.
El sueño pone en libertad al alma
y de la tierra brota una sombra
piramidal que escala las constelaciones,
aspira hacia la luz de arriba
y como centella contempla el giro
de los astros y la esfera celeste.
Hecha cumbre de su vuelo, gozosa
y suspensa, el alma titubea
y dibuja su gloria en su caída,
penetrando con entusiasmo en el círculo
infinito y dejando que en su voz
rebelde irrumpa la otra voz misteriosa,
el desafío bastardo del saber
en el fuego de sus religiosos incendios.
Y en la inacabada vigilia, en el modo
posible de lo que aún no tiene nombre,
lo no dicho nos seduce con la visión
de su geométrica melancolía.
Al recordar tu heroico discurso,
lleno de voces en otro tiempo vírgenes,
que se pierden desnudas en la altura,
no desgrana palabras sino estrellas.

CUARTA PARTE

I

Mientras más cosas sabemos, mayor es
nuestro conocimiento de lo infinito.
Si el hombre no actúa con astucia,
sino con lealtad al ser que lo define,
así la expresión se amolda sin esfuerzo
a la realidad que la engloba y la explica.
Y como la naturaleza entera está
implicada en cada cosa, lo expresado
no existe fuera de su expresión, que revela
lo posible en el vértigo de su inmanencia
y nos inspira la obediencia necesaria.
Ciertamente, hay un solo y mismo orden,
idéntica conexión en las ideas,
las mismas cosas siguiéndose unas a otras
y comprendiéndose en su participación.
Lo probable se mantiene en lo real,
como lo inexpresable dentro de la expresión,
y su fuerza irradiante, espejo y germen
a un tiempo, se expande en los límites del cuerpo,
gozando de un margen donde se renueva.
No sabemos lo que puede un cuerpo
ni hasta dónde puede llegar su fuerza
para engendrar un sueño de más vida,
mas haber llevado el fuego un solo instante
esperanza nos da contra los dioses.
Lo material es lo real desconocido
y su gozo, siempre virgen, nos viene de aquel
tiempo vegetal en que vivíamos
sumergidos en su incertidumbre.

II

Aquello que se ve en el otro mundo
depende bastante de uno mismo,
de su fidelidad a su doble celestial.
Asumiendo la carne, el alma se ha
separado solo por un tiempo de su
ángel, que la sostiene en el exilio
y la guía a la unidad que la aguarda.
Relación de un intercambio en plenitud,
de un cuerpo sutil, donde se sitúan
las visiones y lo real se transfigura.
Cuando la luna enrojece al despuntar,
un rostro hacia el día y otro hacia la noche,
la ciudad que está en medio se ilumina
y tras la espera, el camino asciende
al castillo de las esferas celestes.
Allí la clara luz mecánica muestra
sus secretos y actúa sobre el violinista,
el ruiseñor y la perla en movimiento
con la magia de un puñado de barro.
Desde las cámaras ocultas hasta
los círculos más elevados buscamos
la fuerza irradiante del sol eterno,
que corrige la fortuna y se esfuerza
por alzarse con la cruz y las rosas
en los siete días de la boda.
El ángel clava su espada en las nubes
del cielo congelado y desde el pan

confusamente presentido se tiende
el puente hacia lo eterno, en ardiente
geometría, y de la boca de la sombra
brota el sueño que no ven los ojos,
la suave faz de un reino milenario.

III

Al deslumbrante artificio de los salones
preferías las canciones para niños,
que humildes triunfan de la muerte y ascienden
hacia el cielo batiendo palmas de gozo.
Fue la llama en el lecho del deseo
la que te impidió ser cruel con la frágil carne,
liberando en tus ilimitadas visiones
el pequeño deshollinador, la gota
de sangre por el muro y hasta la vieja
figura del demonio oculto en la niebla.
Tu piedad por todo lo que vive y sufre
te llevó a frecuentar durante largos años
los mundos invisibles, sus aladas
e inmortales representaciones,
y cuando débil colocas el dibujo
sobre las piernas, trazando con esfuerzo
en el vacío las líneas de tus sueños
más oscuros, tu alma sale y vuelve a entrar
con tierna luz en la gloria de lo eterno
y volando de la tierra a las estrellas,
libre ya de los peligros que ha pasado,
los ángeles la envuelven compasivos
en el silencio de sus vestiduras.
Se rasgó el velo, de la boca del verbo
salió la espada de la paloma,
y dando muerte al dragón de la experiencia,
abriste al cielo la voz de la redención

y en el aire quedaron suspensas tus altas
visiones, gloriosas como el sol al mediodía,
gracias arrobadas afrontando la nieve.

IV

Ante la visión salvadora del instante
los milenios huyen como tempestades
y aceptando el reto transitorio
de una nueva sabiduría, te dejas
llevar hasta el fondo de la revelación.
Tu mirada se vuelve hacia la noche
y en el largo viaje del sueño inacabable
se abre un horizonte azulado de promesas,
de sentimientos inefables que irradian
aquello que se busca un poco a tientas.
Limitado es el tiempo de la viva luz
que todo lo enciende y tu corazón,
lleno de fe y valor, sigue siendo fiel
a la llama del amor, que aspira a ser
eterno en la plenitud del encuentro.
Gracia de la belleza aquí en la tierra,
antorcha de la ilusión, ella nos guía
por este camino doloroso, dando
a lo finito una apariencia de infinito
y sintiendo lo poético como real.
Porque la poesía comprende toda
ciencia y permite habitar un mundo nuevo,
dejando a un lado la desgracia y haciéndose
más ligera en el flujo incesante de la vida.
Contemplar el cielo en una flor es sentir
la nostalgia del origen, dejar que
los sonidos tengan alas, los colores
canten y en la unidad viviente del poema
lo extático sea absorbido por lo estético.

V

En la basura yacen los despojos,
recuperas su ausencia completa de unidad
y los recubres de un nuevo sentido.
Te golpeó el destino con su mala sombra
y tuviste una vida miserable,
insigne en su fracaso, como si ahí,
donde todo falla y la vida coge miedo,
la palabra tomara nuevo impulso.
Sobre el abismo extraño a lo real,
horrible y cautivador en su carencia,
la imaginación siempre quiere otra cosa
y se esfuerza, con su magia sugerente,
en conocer toda la naturaleza,
liberando, en la espera del ritmo,
la punta acerada de las correspondencias,
el demonio inesperado de la analogía.
Trágico intento de una tensión sin fin,
prueba de un sueño que la ilusión
disimula y donde la ola se pone
de acuerdo con el verbo exacto.
Y a quien no tiene ganas de hallar el reposo
después de tantos tedios, de amar la muerte
en el vértigo de una vida interminable,
hay que compadecerle, dejar su corazón
en las telas de las miradas familiares.
Por el precipicio atroz de la existencia
viene la esperanza rehecha sin tregua

y en su afán de trascenderse, de lograr
un ideal, se asegura su conquista.
La soledad fue el precio de tu vida
y habiendo perdido mucho, lo has ganado todo.

VI

Renunciar a escribir en momentos de esplendor
no deja de tener un singular atractivo.
Y tu decisión de ir hasta el extremo,
de conocer lo que no se puede conocer,
te llevó a buscar, a fuerza de fatiga,
el sueño de un descanso en esta vida.
Bajo la dureza del orden, eterno
velador, lo mejor es dormir bien ebrio,
decirlo todo en un tiempo de relámpago
y forzar lo imposible, la misteriosa
revelación de lo incondicionado.
Y si realizaste viajes no previstos,
llenos de huidas y escapadas repentinas,
y desactivaste todos los sentidos,
fue para llevarnos al estado original,
donde hombre y naturaleza son lo mismo.
Esa vía de exploración en lo invisible,
escala de ascenso al conocimiento,
te llevó a ofrecer tu cuerpo al sol, a decir
que una cosa puede ser ella misma y otra.
Te aventuraste por un mar de gran altura
y en su corriente encendida, en el vértigo
de su éxtasis desbordante, rompiste
la costumbre y con tu palabra en penumbra
llegaste a expresar lo que no se sabe.
El bramido de los vientos te permite
zarpar otra vez y de modo sorprendente,

asumiendo con paciencia lo que irrumpe,
te sientes otra vez desconcertado
por una nueva visión de lo real.

VII

Para poder hablar con certidumbre
hiciste un largo descenso a la nada,
asumiendo el riesgo de lo imposible.
No ser nada, no saber adónde uno va,
permite mostrar lo invisible en lo visible,
pues la poesía no tiene otro fin
que ella misma y el poema es el lugar
donde se resuelve la contradicción.
Todo tu ser se alza como acorde íntimo
entre realidad y lenguaje, azar
y destino, fragmento y totalidad,
unidos por un mismo ritmo instintivo
de asociaciones y correspondencias.
Cualquier palabra, en lo que tiene de única,
desaparece cuando se pronuncia
y vuelve como prenda de la ausencia.
Allí donde las palabras mantienen
sus reflejos recíprocos, abriéndose
unos dentro de otros hasta el infinito,
dejan de ser términos y se hacen
blancura hueca, envoltura de nada.
Sin el vacío de lenguaje reducido
al silencio, ausencia dispersa en esta
soledad, en el margen aún intacto
de la página en blanco, no podría la flor
desprenderse de todos los ramos ni la voz
aligerarse, ser melodía desnuda
en la caída de su espesor sonoro.

Decirlo todo es también reducirlo
todo a nada, hacer de la escritura
un juego donde todo se torna suspenso,
espacio vacío en que se habla y se escribe
con desapego mágico, desaparición
vibratoria de lo que allá arriba estalla,
de lo que es nada y puede llegar a serlo todo.

QUINTA PARTE

I

Todo lo que separa también une,
se hace un espacio para el destino
en la espera de algo que está por suceder.
Para entrar en el templo de la gracia,
libre de gravedad, hay que tenderse
hacia la aceptación de lo inesperado,
precipitarse lentamente en el vacío,
que la poesía intenta expresar
con movimiento torpe e incumplido.
Es necesario apuntar al más allá,
amar lo que no existe, moverse entre
peso y levedad, tomar forma en lo cóncavo
del objeto sin deseo, que la palabra
precipita en el sacrificio de lo real.
Formas que tapan las sutiles grietas,
corriente de aire, materia y vuelo,
mano que recibe el don de la inspiración.
En el dolor nace lo bello, que nutre
el alma en esta patria de aquí abajo
y unidos a la humildad de la materia,
anónimos y rodeados de silencio,
quedamos degustando sus manjares
en el lugar incierto de los desheredados.
Y si la belleza nos mantiene a distancia,
dominando el deseo, su sonrisa
ilumina el descenso de la gracia,

dejando su caricia en la pobreza,
una luz de eternidad en lo creado.
Por el dolor se llega a la belleza,
por el sufrimiento al conocimiento.

II

Como un círculo infinito tiene la nada
el centro en todas partes y en cada hueco
hecho de silencio funda el canto su grandeza.
De la nada se puede hablar y hace falta
un lenguaje que se arriesga hasta el último
suspiro de la noche con la luz.
La profundidad del aire, el vacío
de la montaña, la morada del corazón,
lugares que brillan por su ausencia
y albergan la posibilidad de ser algo.
Atado a la sombra de la nada,
como el anzuelo al pez del tiempo, el poema
recibe la vida, sufre por la muerte
y vuelve al origen de donde salió,
largo silencio de una escucha que capta
el susurro de la voz cuando todo calla.
En este mundo contradictorio, donde
lo bello es a la vez terrible y místico,
lo eterno nos rodea y lo mejor sería
olvidarse de sí, renunciar a intervenir
realmente en nombre de una revelación,
pues cuando todo se disuelve y nada ocurre,
cuando la espada no deja huellas en el aire,
se deja ver la realidad tal cual es.
Caen las palabras y amanece pleno
el canto en el anochecer del cantor,
en la espera de que otro venga y nos invite

a escuchar lo que aún nadie ha dicho,
una palabra despoblada, sin arrugas,
en el mar de la voz anónima.

III

Por el tobogán del tiempo se desliza
un sonido natural, agreste y salvaje,
que nos envuelve y penetra, entreverado
de silencios, donde el sentido se repliega
y en vuelo raudo entona la armonía,
el aire de otros planetas, sin pasar
por el cerco de la articulación verbal.
Y no se podría captar el mundo
si no existiera un paralelismo
entre el pensamiento y el lenguaje,
la experiencia y lo que está fuera de ella,
la raíz oculta y cuanto adviene a la luz.
Una sola mirada a las raíces,
que sirve de escalera para llegar
a la cima, traspasa cualquier límite
y forma una malla, el gran espejo,
donde la eternidad deja sus huellas
en el borrador de nuestras vidas.
Cuanto más antigua es una palabra,
tanto más profundamente alcanza
aquello de lo que no se puede hablar.
Porque si en lo que no se dice
se deja abierto un espacio a lo posible,
con el volar de las semillas en el aire
ya no se sabe quién habla o quién respira.
Hay que quedarse ahí, con el labio partido,
en la llama que consume a la lógica.

IV

En esos instantes no atendidos
de asombro, de revelación, fragmentos
de una plenitud que hemos perdido,
fulgurante se asoma la plegaria
y llena el silencio con su modulación.
Partieron los recuerdos sin dejar huella
y en los últimos dedos de las hojas
aún es posible oír una amplia risa trémula.
En la hora violeta, cuando el marinero
vuelve a casa y la llamada del huésped
no esperado surca el aire con su murmullo
de lamento maternal, tropezando
en las grietas de las ruinas, las visiones
se agitan en las redes de los ojos
y la voz se tiende como una cuerda
de un extremo a otro de la noche.
En este valle seco del corazón,
lugar de encuentro donde avanzamos a tientas,
el cuerpo se ha retirado a la contemplación
y desde su afligida calma los labios
quieren besar la ausencia de la carne
rodeada por una gracia de sentido.
Abandono de toda propiedad, amor
entre no ser y ser, esta es la vía
única, la vía de la desecación,
del éxtasis no perdido que resuena
en la paz que trasciende todo entendimiento.

Transcurrieron los años y nos dejaron
como herencia el miedo a ser de otro,
pero en la oscuridad brilló la luz
y echó a cantar el pájaro madrugador.
¿Rogará la palabra por los que esperan
desgarrados en este tránsito de sueños,
oscilando entre pérdida y ganancia?

V

Esa noticia oscura, amorosa,
no cae en sentido, sino que reside
más allá de la sombra y el disfraz.
Si uno corre el riesgo de compartir esa
soledad con el otro, como la savia
del árbol, podrá oír los silencios
del bosque, adentrarse en el palacio
de ninguna parte y llegar a entender
lo que está más allá de las palabras.
Porque no somos islas, sino que formamos
un solo cuerpo, siempre sacrificado,
que viene arrojado desde lo más alto
y cuya memoria se toca en la escritura.
En ese límite todo se suspende
y lo que se expone es una realidad
tenue, ligera, una claridad desnuda
que deja ver la vida en transparencia.
El cuerpo es un discurso bien organizado,
con cabeza, cola y un impulso en el centro
donde materia y forma ya no se distinguen.
Su extensión empuja el alma hasta el extremo,
sin saber si volverá, y cuando ya no queda
rastro alguno de su paso, llega entonces
la visión de la avellana en la palma
de la mano, que sostiene lo creado
y hace que todo lo vivido acabe bien.

Las llamas no difieren del espino,
ni el vacío de la forma, y para que salga fuera
lo que está dentro hay que abrir la concha,
vivir en el vientre de la paradoja
y gustar la pulpa, miel de una hora,
en la mágica copa de la eternidad.

VI

Desde que salió concertado de tus manos
el mundo se encuentra en oración perpetua,
dando gracias al que tiene tanta belleza
y viviendo su renuncia en lo visible,
hasta que sean dados todos los besos
y el ánfora rota quede al fin saciada.
Salir en busca de una vida más simple
requiere esperar bastante tiempo a solas,
sentir el desprendimiento y ser fiel
en el riesgo continuo de lo inesperado.
La vida no es tan sencilla como debiera,
pero has encontrado el amor dentro de ti
y le has dado expresión, realidad verbal,
pues no existe amor si no se declara.
Lo mejor del amor es su recuerdo,
el cielo estrellado del desierto,
la lluvia que golpea las manos juntas
y el árbol todo lleno de pájaros,
formas de mantener lo real a plena luz.
Todo ocurre siempre en otra parte
y tu palabra, como una llama,
se desprende de todo hasta quedar desnuda.
El mundo es su alimento y nos tiende
sus manos para mantenernos juntos,
para que seamos al fin nosotros mismos.
Su presencia es invisible, pero real,
y nos llena de gozo con un sabor

no probado por nadie todavía,
removiendo transparente la memoria
e iluminando sorprendida el deseo
de cerrar los ojos para ver mejor
en la noche oscura de la nada.

VII

Con el polvo de los años la sombra
larga del deseo se va adelgazando
hasta confundirse con la tinta y parecer
una prolongación natural del trazo.
Por el vacío que encierra, la pincelada
representa la forma y el volumen,
por su empuje, el ritmo y el movimiento,
y por su ejecución instantánea
introduce los ritmos vitales.
Con esta medida del cielo y de la tierra
se pueden abarcar las formas del paisaje,
la cavidad redonda de la montaña,
la gavilla de las nubes enroscadas,
el aire limpio de la brisa ligera
que sostiene la cítara en sus cuerdas.
El viajero ha dejado el templo y ahora
se dirige al parque, donde el ciruelo en flor
brota y su secreta palpitación basta
para encarnar toda la belleza del mundo.
Todo es fruto de una recepción:
las flores delicadas y tenaces,
la luz cambiante de las estaciones,
los puntos animados por un solo aliento.
Cuando el pensamiento se hunde en el sueño
tenso hacia lo infinito, de repente
las ramas cubiertas de nieve dejan
estallar sus deseos ocultos y vuelve
el corazón al manantial de su vacío,
al temblor nocturno donde madura el poema.

ÍNDICE

PRIMERA PARTE

SEGUNDA PARTE

TERCERA PARTE

CUARTA PARTE

QUINTA PARTE

Este libro se terminó de editar en Granada
en marzo de 2025 por

www.aliarediciones.es
info@aliarediciones.es